Bibliografische Information der Deutschen Nationalbibliothek:

Die Deutsche Bibliothek verzeichnet diese Publikation in der Deutschen National-
bibliografie; detaillierte bibliografische Daten sind im Internet über http://dnb.d-
nb.de/ abrufbar.

Impressum:

Copyright © 2015 GRIN Verlag, Open Publishing GmbH
Druck und Bindung: Books on Demand GmbH, Norderstedt Germany
ISBN: 978-3-656-91355-9

Dieses Buch bei GRIN:

http://www.grin.com/de/e-book/293811/christa-wolfs-kein-ort-nirgends-die-bezie-
hung-von-karoline-von-guenderrode-zu

Eliane Rittlicher

Christa Wolfs „Kein Ort. Nirgends". Die Beziehung von Karoline von Günderrode zu Carl Friedrich von Savigny

GRIN Verlag

GRIN - Your knowledge has value

Der GRIN Verlag publiziert seit 1998 wissenschaftliche Arbeiten von Studenten, Hochschullehrern und anderen Akademikern als eBook und gedrucktes Buch. Die Verlagswebsite www.grin.com ist die ideale Plattform zur Veröffentlichung von Hausarbeiten, Abschlussarbeiten, wissenschaftlichen Aufsätzen, Dissertationen und Fachbüchern.

Besuchen Sie uns im Internet:

http://www.grin.com/

http://www.facebook.com/grincom

http://www.twitter.com/grin_com

Die Beziehung
von
Karoline von Günderrode
zu
Carl Friedrich von Savigny

in Christa Wolfs
„Kein Ort. Nirgends"

Inhaltsverzeichnis

1. Einführung 3

2. Die historische Beziehung der Karoline von Günderrode zu

   Savigny 5

3. Die Beziehung von Günderrode zu Savigny in *Kein Ort.*

   Nirgends 10

4. Literaturverzeichnis 18

1. Einführung

In ihrer 1979 erschienenen Erzählung *Kein Ort. Nirgends* inszeniert die Autorin Christa Wolf ein fiktives Treffen der beiden deutschen Dichter Karoline von Günderrode und Heinrich von Kleist. Ort, Zeit und Anlass des Zusammentreffens legt sie fest: Sie begegnen sich bei einer Teegesellschaft des Kaufmanns Merten im Juni 1804 in Winkel am Rhein, wo sich Karoline zwei Jahre später das Leben nimmt.[1] Um diese „erwünschte Legende" zu schaffen, verarbeitet Christa Wolf authentisches literarisches Material sowie biographische und historische Details.[2]

Auf dem Landgut des Kaufmanns Merten treffen Günderrode und Kleist auf bekannte Persönlichkeiten der Frühromantik, unter ihnen zum Beispiel Clemens und Bettina Brentano und der Jurist Carl Friedrich von Savigny.

In dieser Ausarbeitung soll nun auf die Beziehung Karoline von Günderrodes zu Carl Friedrich von Savigny eingegangen werden, wie sie sich in der Erzählung *Kein Ort. Nirgends* darstellt. Dazu werden Textstellen, in denen beide gemeinsam auftreten oder aufeinander Bezug nehmen, angeführt und erläutert.

---

[1] Vgl. Christa Wolf: Kein Ort. Nirgends. München: Deutscher Taschenbuch Verlag, 7. Auflage, 2001. (Im Folgenden zitiert als „KON" mit Angabe der Seitenzahl.) S. 6.

[2] Vgl. Ute Brandes: Das Zitat als Beleg. Christa Wolf „Kein Ort. Nirgends". In: Dies.: Zitat und Montage in der neueren DDR-Prosa. Frankfurt am Main: Verlag Peter Lang, 1984. S. 61 – 100. (Im Folgenden zitiert als „Brandes" mit Angabe der Seitenzahl.) S. 61.

Barbara Becker-Cantarino bezeichnet die historische Günderrode, Kleist und die anderen in *Kein Ort. Nirgends* auftretenden Personen sowie den Ort und die Art der Begegnung lediglich als „andere, fremde Hülle", die Christa Wolf mit ihrer eigenen, modernen Interpretation fülle.[3] Um jedoch deutlich zu machen, dass Christa Wolf der Erzählung durchaus wahre Begebenheiten zu Grunde gelegt hat, wird der Interpretation des Textes eine kurze Darstellung des historischen Verhältnisses der Günderrode zu Savigny vorangestellt, wie es von Christa Wolf[4] bzw. von .Nadja Gaumer[5] beurteilt wird.

---

[3] Vgl. Barbara Becker-Cantarino: Schriftstellerinnen der Romantik. Epoche – Werk – Wirkung. München: Beck Verlag, 2000. S. 199 – 278. (Im Folgenden zitiert als „Becker-Cantarino" mit Angabe der Seitenzahl.) S. 273.

[4] Vgl. Christa Wolf: Der Schatten eines Traumes. Karoline von Günderrode – ein Entwurf. In: Dies.: Kein Ort. Nirgends. Der Schatten eines Traumes. Karoline von Günderrode – Ein Entwurf. Nun ja. Das Leben geht aber heute an. Ein Brief über die Bettine. München: Luchterhand, 2000. Werk in 12 Bänden, Bd. 6. S. 107 – 175. (Im Folgenden zitiert als „Schatten eines Traumes" mit Angabe der Seitenzahl.)

[5] Nadja Gaumer: Christa Wolfs Essay „Der Schatten eines Traumes. Karoline von Günderrode – ein Entwurf". Eine Untersuchung zu Christa Wolfs Rezeption von Karoline von Günderrode und deren Zeitgenossen, den Romantikern um 1800. (Magisterarbeit) Marburg: 1990. (Im Folgenden zitiert als „Gaumer" mit Angabe der Seitenzahl.)

2. Die historische Beziehung der Karoline von Günderrode zu Savigny

Karolines Sehnsucht nach Liebe wird von fast allen ihrer Rezipienten zum Motto ihres Lebens erklärt. Christa Wolf führt drei Männer an, die im Leben der Günderrode eine Rolle gespielt haben: Savigny, Clemens Brentano und Friedrich Creuzer.[6] Clemens Brentano bewundert sie für seine schriftstellerischen Leistungen, ist jedoch nicht an einer Liebesbeziehung zu ihm interessiert.[7] Die schicksalbestimmte Freundschaft zu Friedrich Creuzer nimmt im August 1804 in Heidelberg ihren Anfang. Nach zwei Jahren des Schwankens, heimlichen Treffen und einem „glühenden Briefwechsel" erhält Karoline schließlich den Trennungsbrief und nimmt sich daraufhin am Rheinufer in Winkel mit einem Dolch das Leben.[8] Näher kann auf Brentano und Creuzer in diesem Rahmen leider nicht eingegangen werden.

Günderrode lernt Savigny auf einem Landsitz bei Freunden im Frühsommer des Jahres 1799 kennen. Sie verliebt sich in den später berühmten Professor der Rechtswissenschaft und preußischen Minister, was anhand eines Briefes an eine Freundin deutlich wird:

> *Schon beim ersten Anblick machte Savigne einen tiefen Eindruck auf mich, ich suchte es mir zu verbergen und überredete mich es sei blos Theilnahme an dem sanften Schmerz den sein ganzes Wesen ausdruckt,*

---

[6] Vgl. Schatten eines Traumes. S. 129.

[7] Vgl. Becker-Cantarino. S. 203.

aber bald, sehr bald belehrte mich die zunehmende Stärke meines Gefühls, daß es Leidenschaft sei was ich fühlte...[9]

In einem weiteren Brief bittet Günderrode die Freundin, ihr zu schreiben, wenn sie etwas von Savigny höre, denn das sei ja das Einzige, was sie von Savigny haben könne, „der Schatten eines Traumes".[10]

Bevor Savigny Mitte August eine Studienreise antritt, überlegt er, ob er Karoline von Günderrode heiraten möchte; er erkundigt sich in einem Brief vom 1. Juli 1799 nach den finanziellen Verhältnissen der Familie. Savingy macht ihr jedoch keinen Antrag, möglicherweise enttäuscht von den zerrütteten Familienverhältnissen der Günderrode.[11] Aber auch nach seiner Reise Anfang 1800 scheint er noch interessiert an einer Beziehung zu ihr, wenn er in einem weiteren Brief fragt, ob er „dem Gerücht glauben schenken soll, nach dem sie kokett oder prüd oder ein starker männlicher Geist sein müsse, oder ihren blauen Augen, in denen viel sanfte Weiblichkeit wohnt".[12]

Im Oktober 1800 bemüht sich Clemens Brentano, Savigny für seine Schwester Bettina zu gewinnen, dies ohne Erfolg. Jedoch

---

[8] Vgl. ebd. S.203 und 204.

[9] Vgl. Gaumer. S.79. Der Brief ist an Karonline von Barkhaus gerichtet vom 4. Juli 1799.

[10] Vgl. ebd. S. 80. Das Zitat „der Schatten eines Traumes" lieferte 1979 den Titel der von Christa Wolf herausgegebenen und kommentierten Zusammenstellung von Gedichten, Prosa, Briefen und Zeugnissen von Zeitgenossen von Karoline von Günderrode.

[11] Vgl. ebd.

[12] Vgl. Schatten eines Traumes. S. 130. Der Brief ist gerichtet an Leonard Creuzer.

lernt Savigny bei einem extra arrangierten Treffen zufällig deren Schwester Kunigunde, genannt Gunda, kennen und verlobt sich mit ihr im Mai 1803.[13]

Daraufhin und bis zur Hochzeit von Savigny und Gunda Brentano im Mai 1804 folgt ein „launige[r], ironische[r], ungefährliche[r] Briefwechsel [zwischen Savigny und Günderrode] ... in unverbindlicher Manier", „die nur der weh tut, die liebt", so Christa Wolf.[14] Die Autorin ergreift hier wie an anderer Stelle deutlich Partei für Günderrode, wobei sich einwänden lässt, dass Karoline sich dem „Geplänkel", dem „Spiel mit dem Feuer" nicht entzieht, sondern mitspielt.[15]

Schließlich schlägt Savigny ein Dreiecksverhältnis vor: Er liebt zwei Frauen, entscheidet sich jedoch für die Liebe zu der einen und möchte zu der anderen in einem freundschaftlichen Verhältnis stehen.[16] Karoline geht in einem Brief auf diesen Vorschlag ein. Sie ist sehr angetan und bedankt sich überschwänglich dafür, dass Savigny und Gunda noch an das „Günderrödchen" denken und sie nicht fortschicken. Ich zitiere aus ihrem Brief:

---

[13] Vgl. Gaumer. S. 81.

[14] Vgl. Schatten eines Traumes. S. 130.

[15] Vgl. Gaumer. S. 81 und 82. Nadja Gaumer kritisiert auch an anderen Stellen die „fragwürdige Verarbeitung der Quellen" (S. 83) und die „wertenden Kommentare" Christa Wolfs, durch die sie Günderrodes Verhalten psychologisch zu erklären versucht, für Savigny jedoch wenig Verständnis aufbringt. (S. 84)

[16] Vgl. ebd. S. 82. Savigny überträgt dieses Verhaltensmuster aus einem französischen Feenmärchen „Daphnis und Pandrose".

Wie traurig mußte da das Günderrödchen werden, wie mußte es

sich behelfen in der schlechten Welt, es würde wohl hinaus gehen und

suchen, und auch hier und da einkehren bei den Menschen, aber es

würde ihm doch nicht gefallen in ihren Häusern es würde ihm eng und

beklommen werden, denn ich glaube immer es wird bei Euch nur recht

gern zu Hause sein.[17]

Von der selbstbewussten Frau, als die Christa Wolf die Günderrode in *Kein Ort. Nirgends* darstellt, ist hier wenig zu sehen. Schließlich – weil sie sich überflüssig fühlt – möchte sich Karoline von Savigny und seiner Verlobten trennen und ist bemüht, ihre „Seelen- und Verstandeskräfte" auf ihre „zweite Leidenschaft", die Arbeit, zu konzentrieren.[18] Nach der Hochzeit der beiden im Mai 1804 zieht sie sich in ihr Studierzimmer im Stift zurück. Trotzdem: Immer noch knistert es manchmal in den Briefen zwischen Karoline und dem nun verheirateten Mann.[19] Sie ist schließlich bemüht, sich an die von ihm aufgestellten Regeln bezüglich ihres „Dreierbundes" zu halten.

Nadja Gaumer ist der Meinung, dass sich das Bild, welches Christa Wolf von Karoline von Günderrode zeichnet, von der „erwachsenen, selbstbewußten Frau" die ohne Fehl und Tadel erscheint und dem Mann Savigny gegenübertritt, nicht halten lässt. Zu wichtig ist ihr eine Ehe als Alternative zum Stift und als

---

[17] Vgl. Schatten eines Traumes. S. 161. Karoline von Günderrode schreibt den Brief an Savigny am 25.12. 1803.
[18] Vgl. ebd. S. 136.

Anerkennung sowohl ihrer Person als auch ihrer literarischen Tätigkeit. In ihren Briefen nämlich überwiege der Ton der Unterwürfigkeit.[20] Auch Ute Brandes bezeichnet Günderrodes Verhältnis zu Savigny als „unglücklich".[21] Sie charakterisiert es folgendermaßen:

Das schon jahrelang währende gefährliche Spiel mit ihren Gefühlen als Dritte in einem Liebesbunde besteht aus Geplänkel und Schmeichelei vonseiten des Mannes, der inzwischen mit Gunda Brentano verheiratet ist, und heftiger Zuneigung ihrerseits, die sie nur unter Qualen verstecken kann.[22]

Weiterhin bestätigt Brandes die Ansichten Gaumers wenn sie erklärt, dass die historische Günderrode nicht zu einem ähnlich entschlossenen Bekenntnis zu ihrer Kunst finde wie in *Kein Ort. Nirgends* und dass im Orginalwortlaut der Briefe die Rücksicht der liebenden Frau dem Mann gegenüber überwiege.[23]

---

[19] Vgl. ebd. S. 139. Sie bezeichnet z.b. seine Gegenwart als „zauberisch" und lässt ihn wissen, dass er „allzu gefährlich für zarte Gemüter" sei.
[20] Vgl. Gaumer. S. 84 und S. 92.
[21] Vgl. Brandes. S.74.
[22] ebd.
[23] Vgl. ebd. S. 75.

3. Die Beziehung von Günderrode zu Savigny in *Kein Ort. Nirgends*

Zum ersten Mal wird Savigny in der Erzählung erwähnt, als Karoline sich an einen Traum erinnert. In diesem Traum verwundet Savigny sie mit einer Waffe am Hals und heilt sie dann wieder durch eine „ekelhafte[ ], dampfende[ ] Brühe".[24] Bereits hier wird die „unerwiderte Liebe"[25] der Günderrode in einem inneren Monolog angedeutet: „ Das ist es, was ich von ihm haben kann: den Schatten eines Traumes. Sie verbot sich zu weinen und vergaß den Traum und den Grund für ihre Trauer."[26] Auch ihr späterer Selbstmord wird hier angedeutet, indem sie den Dolch, den sie bei sich trägt, erwähnt und die Tatsache, dass sie wisse, wie man ihn ansetzen müsse.

Als Savigny mit seiner Frau tatsächlich auf der Teegesellschaft erscheint, errötet die Protagonistin der Erzählung.[27] Wir erfahren, dass sein Eintritt ihr „eine Minute freudiger Selbstvergessenheit verschafft, schnelleren Herzschlag, unwillkürliche Bewegungen, die sie nicht regieren kann", während sie sonst „jeden Impuls, jede Aufwallung zu beherrschen und zu unterdrücken versteht".[28] Dieses ungewollte Verhalten macht deutlich, wie stark Günderrode auf den frisch verheirateten Mann reagiert.

---

[24] KON. S. 9 und 10.
[25] Schatten eines Traumes. S. 127.
[26] Vgl. KON. S. 10.
[27] Vgl. ebd. S. 18.
[28] Ebd. S. 20.

Karoline von Günderrode ist sich jedoch der Macht, die Savigny über sie hat, bewusst, was durch folgenden inneren Monolog verdeutlicht werden soll: „Er ist gekommen. Weiß, daß ich warte, und verläßt sich darauf, daß ich es verbergen kann. Er begreift, daß ich treu bin, wenn ich liebe, und selbstlos, und er nutzt es aus, und ich muß ihn dafür um so mehr lieben. Auch das hat er eingerechnet."[29] Das Zitat ist außerdem ein Beleg für die Liebe Günderrodes zu Savigny. Obwohl sie weiß, dass er ihre Treue und Selbstlosigkeit ausnutzt, liebt sie ihn, und zwar „um so mehr". Günderrode fügt hinzu: „Das geht immer so weiter."[30] Das klingt resignierend; sie fühlt sich ihm und ihren Gefühlen gegenüber machtlos.[31] „Sie mußte ihn wiedersehn. Immer ist es Leidenschaft, wenn wir tun, was wir nicht wollen."[32] Günderrode gesteht sich widerwillig ein, dass Savigny der wirkliche Grund für ihr Kommen gewesen ist; ihre starken Gefühle für ihn siegen über ihre Vernunft.

Auffällig ist die Bezeichnung, die Savigny für Karoline von Günderrode wählt: „Günderrödchen". Diesen Kosenamen benutzt er zwar selten, um sie direkt anzusprechen, jedoch tritt er nur im Zusammenhang mit Savigny auf. Die Verniedlichungsform wird zum Beispiel benutzt, wenn der

---

[29] Ebd. S. 19 und 20.
[30] Ebd. S. 20.
[31] Vgl. hierzu auch ebd. S. 59. Hier erfährt der Leser durch einen inneren Monolog Günderrodes, dass sie sich oft erfolglos sowohl gegen seinen Tadel aus auch gegen seine Milde gewehrt habe.
[32] Ebd. S. 44.

auktoriale Erzähler über die Art und Weise berichtet, wie Savigny Karolines Hand hält, sie anblickt und mit einem Ton anredet, der zwischen „Begrüßung, Frage [und] Bitte" liegt.[33] Außerdem wird dieser Kosename gebraucht, als von der Zärtlichkeit Savignys die Rede ist, „welche die Günderrode über Gebühr zu freuen [scheint"].[34]

Christa Wolf flicht auch den im zweiten Kapitel erwähnten Dreierbund zwischen Karoline, Savigny und seiner Frau Gunda in ihre Erzählung *Kein Ort. Nirgends* ein:

> Die Günderrode [...] weiß, der Freundschaftsbund mit Savigny hat nur Bestand, wenn sie sich strikt an die Satzungen hält: daß es ein Bund zu dritt ist, mit Gunda als der Dritten. Die Günderrode muß lächeln. Nicht Gunda ist die Dritte in diesem Bund: Sie selbst ist es, was immer die andern beiden ihr beteuern mögen.[35]

Hieraus geht hervor, dass Savigny es ist, der sich die Günderrode zwar warm hält, indem er ihr das Angebot von einem Bund zu dritt gemacht hat, sie aber gleichzeitig auch auf Abstand hält, denn sie muss sich an gewisse „Satzungen" halten, um sich wenigstens seine Freundschaft zu sichern. Sie scheint sich ihre missliche Lage nicht immer sofort einzugestehen, weiß jedoch eigentlich, dass sie für ihren Angebeteten nur die zweite Geige spielt, denn „Liebe bindet stärker als Freundschaft – wer sollte es

---

[33] Vgl. ebd. S. 18. Vgl. z. B. auch ebd. S. 57, 58 und 61.
[34] Vgl. ebd. S. 25.
[35] ebd. S. 43.

wissen, wenn nicht sie."[36] In *Kein Ort. Nirgends* bezeichnet die Figur Günderrode die beiden, Savigny und Gunda, als zu ihrem Schicksal gehörig,[37] ebenso wie es die historische Günderrode in einem Brief an Savigny getan hat.[38]

Savigny hat genaue Vorstellungen davon, wie eine Frau zu sein hat: „Nicht zu weich [...] und zu wehmütig und zu sehnsüchtig – klar werden und fest und doch voll Freude am Leben."[39] Günderrode interpretiert diese Forderung dahingehend, dass sie ihn nicht weiter behelligen solle, sie solle nicht nur zurückstehen, sondern auch darüber schweigen. „[E]s soll, das wär natürlich das allerartigste, allerbequemste, darüber heiter sein, das garstige Günderrödchen, euer liebes Hämmelchen. Es soll keinem Menschen ein schlechtes Gewissen machen."[40] Ein ironisch - resignierender Unterton ist unüberhörbar. Günderrode gibt Savigny recht. Allerdings macht sie sich nicht bewusst, dass sie unter gegebenen Umständen dem Bild Savignys aufgrund ihrer Liebe zu ihm gar nicht entsprechen kann.[41]

Zwar spielerisch, aber mit deutlicher Selbstabwertung bezeichnet Günderrode sich als „das garstige Günderrödchen, euer liebes

---

[36] Ebd. S. 43 und 44.
[37] Ebd. S. 61.
[38] Vgl. Schatten eines Traumes. S. 134.
[39] KON S. 58.
[40] Ebd. S. 58.
[41] Vgl. ebd.

Hämmelchen".[42] Die Demütigung, die sie sich aufgrund des Dreierbundes selbst zufügt, ist hier ganz klar belegt.

Christa Wolf macht dann von dem im zweiten Kapitel bereits erwähnte Zitat, aus einem Brief an eine Freundin entnommen, Gebrauch: Günderrode gesteht sich die Stärke ihres Gefühls, die Leidenschaft, die sie fühlt, ein.[43] Sie leidet unter ihren Gefühlen, als sie bewusst ihr werden, und wünscht sich, auch Savigny leiden zu sehen.[44] Als Savigny andeutet, dass auch er leide, ist das für Günderrode eine äußerste Genugtuung. Sie ziehe Linderung aus diesem Eingeständnis für all die Demütigungen, die sie sich mit seiner Hilfe selbst zugefügt habe.[45]

Bisher macht Günderrode eher den Eindruck einer unglücklich verliebten, leidenden Frau, die sich mit diesem Schicksal abgefunden hat. Jetzt jedoch meint sie, ein „entscheidendes Wort" mit Savigny sprechen zu müssen. Ob dies ein „Bedürfnis nach Genugtuung" ist oder ein „letzter Versuch, bis auf den Grund verstanden zu werden", lässt der auktoriale Erzähler offen.[46] Jedenfalls verändert sich die Rolle der Günderrode von einer passiven zu einer eher aktiven. Sie fragt den Savigny, wie man seine Liebe erwerben könne. Darauf antwortet der Gefragte, das außer Vortrefflichkeit das „rechte Verhältnis von Selbständigkeit

---

[42] Vgl. Brandes. S. 78. Dies ist eine authentische Briefunterschrift eines Briefes an Savigny vom 28.06. 1804.
[43] Vgl. KON. S. 59 und FN 11.
[44] Vgl. KON. S. 59.
[45] Vgl. ebd. S. 60. Auch hier lässt Wolf authentische Zitate aus Briefen Günderrodes und Savignys einfließen.

und Hingabe" nötig sei.[47] Savigny kritisiert weiterhin Karolines Mangel an Vertrauen und ihre „outrierte Selbständigkeit", worauf Günderrode nun aber recht souverän reagiert. Sie rechtfertigt sich und das Gedicht „Der Kuß im Traume", das sie ihm kurz vor seiner Hochzeit zukommen ließ, vor Savigny.[48] Hier stellt Wolf wiederum einen Bezug zur historischen Günderrode her, die Savigny tatsächlich kurz vor der Hochzeit mit Gunda ein Sonett „Der Kuß im Traume" sandte.[49] Im Folgenden bekennt sich Günderrode zu ihrem Schmerz, und dazu dass sie „in eine Fessel geschlagen war", wobei sie hier ihre eigene Verwendung des Plusquamperfekts betont.[50] Sie teilt nun ebenfalls Kritik aus, und der auktoriale Erzähler bestärkt sie darin: „Zahl dem dummen Savigny seine Dummheit heim."[51] Wenn nicht aggressiv, dann doch zumindest selbstbewusst kann man das Auftreten Günderrodes nennen, als sie Savigny folgendermaßen zurechtweist:

Und zeigt die Frage nicht, lieber Savigny, daß Sie all die Zeit über nichts von Ihrem [...] Günderrödchen gewußt haben? Daß meine Natur Ihnen unheimlich war, weil sie Ihnen Rätsel aufgibt? Daß Sie sich nicht die Mühe machen wollten, herauszufinden, wem Sie glauben konnten:

---

[46] Vgl. ebd. S. 72.
[47] Vgl. ebd. S. 73. Auch diese Unterhaltung ist auf authentisches literarisches Material zurückzuführen.
[48] Vgl. ebd. S. 73 und 74.
[49] Vgl. Schatten eines Traumes. S. 136. Auf Seite 137 in ebd. ist das besagte Sonett abgedruckt.
[50] Vgl. KON. S. 74.
[51] Ebd. S. 75.

dem eigenen Augenschein oder dem Gerücht, das mich mal als kokett,
mal als prüd, mal als einen starken männlichen Geist, mal als den
Inbegriff sanfter Weiblichkeit hinstellt? ..."[52]

Günderrode gibt Savigny zu verstehen, dass ihr Herz sich von ihm abgewandt habe. Stattdessen habe sie viel zu tun, studiere den Schelling und schreibe ein Drama, womit ihre ganze Seele beschäftigt sei. Sie spricht Savigny wiederum mit seinem Namen an, um ihrer Aussage Nachdruck zu verleihen. „Hörst du, Savigny,...".[53]

Die benannte Textstelle setzt sich aus vier authentischen Zitaten aus verschiedenen Briefen zusammen. Im Original wirken sie weniger entschieden als in Christa Wolfs Erzählung.

In *Kein Ort. Nirgends* tritt die fiktive Günderrode an dieser Stelle zum ersten Mal entschlossen für ihr Talent und ihre Kunst ein.[54] Hier wird besonders deutlich, dass sich der Ton Günderrodes geändert hat und vor Klarheit und Festigkeit strotzt. Savigny steht zum ersten Mal einer erwachsenen, selbstbewussten Frau gegenüber, die sich ihres Wertes bewusst ist. Hier weiß die Günderrode, was ihr ihre Arbeit bedeutet, nämlich „Ernst, Sammlung und Selbstverständnis".[55] Dies drückt sich auch in ihrer Miene aus. Kleist glaubt in Günderrodes Miene „eine

---

[52] Ebd. S. 76.
[53] Vgl. Ebd. S. 76 und 77.
[54] Vgl. Brandes S. 74.
[55] Vgl. Schatten eines Traumes. S. 136.

unerwartete Festigkeit" zu erkennen, während er auch in Savignys Gesicht eine „unerwartete Bewegung" wahrnimmt.[56] Allem Anschein nach hat sich Karoline von Günderrode hier also von Savigny und ihrer Liebe zu ihm losgesagt. Dafür spricht auch ein im Folgenden angeführtes Gedicht der Günderrode. Es endet mit den Zeilen: „Dem ich mich gebe in der Liebe Bande / Wird alles, wird mein ganzes Wesen sein." Kleist bemerkt zurecht, er finde es bedeutsam, dass sie der letzten Zeile ihres Gedichts die Zukunftsform gegeben habe.[57] Dies ist in der Tat bedeutend, denn es zeigt dem Leser, dass Savigny noch nicht der Auserwählte ist, dem sie ganz gehören will.

---

[56] Vgl. KON. S.77.
[57] Vgl. ebd. S. 95.

4. Literaturverzeichnis

Primärliteratur:

Wolf, Christa: Kein Ort. Nirgends. München: Deutscher Taschenbuch Verlag, 7. Auflage, 2001.

Sekundärliteratur

Becker-Cantarino, Barbara: Schriftstellerinnen der Romantik. Epoche – Werk – Wirkung. München: Beck Verlag, 2000. S. 199 – 278.

Brandes, Ute: Das Zitat als Beleg. Christa Wolf „Kein Ort. Nirgends". In: Dies.: Zitat und Montage in der neueren DDR-Prosa. Frankfurt am Main: Verlag Peter Lang, 1984. S. 61 – 100.

Gaumer, Nadja: Christa Wolfs Essay „Der Schatten eines Traumes. Karoline von Günderrode – ein Entwurf". Eine Untersuchung zu Christa Wolfs Rezeption von Karoline von Günderrode und deren Zeitgenossen, den Romantikern um 1800. (Magisterarbeit) Marburg: 1990.

Wolf, Christa: Der Schatten eines Traumes. Karoline von Günderrode – ein Entwurf. In: Dies.: Kein Ort. Nirgends. Der Schatten eines Traumes. Karoline von Günderrode – Ein Entwurf. Nun ja. Das Leben geht aber heute an. Ein Brief über die Bettine. München: Luchterhand, 2000. Werk in 12 Bänden, Bd. 6. S. 107 – 175.